Meine Nahtodeserfahrungen
Es änderte mein Leben

AF170642

Herold zu Moschdehner

Meine Nahtodeserfahrungen
Es änderte mein Leben

Bibliografische Information durch

Die Deutsche Bibliothek:

Die Deutsche Bibliothek verzeichnet diese Publikation in der Deutschen Nationalbibliografie; detaillierte bibliografische Daten sind im Internet über http://dnb.ddb.de abrufbar.

ISBN 9783735738929

Copyright (2014)
Herstellung und Verlag: Books on Demand GmbH, Norderstedt
Alle Rechte beim Autor.

2,80 Euro

Herold zu Moschdehner ist ein anerkannter Wissenschaftler und erforscht mit seinem Gehirn viele, viele Probleme dieser Menschheit. Im Jahr 2000 erkrankte Moschdehner an einer Dysfunktion seiner Leber und gelangte so ins Koma. In einer mehrstündigen Operation halbierte man seine erkrankte Leber und verletzte dabei eine wichtige Ader der Bauchregion. Moschdehner starb und war für ein paar Minuten tot.
Was er dann erlebte möchte er all den Zweiflern und den Gläubigen nicht vorenthalten. Über dieses Buch werden sie aus dem Staunen nicht mehr herauskommen.

„Und da wurde es dunkel. Sehr dunkel" Herold zu Moschdehner über einen Besuch im Keller